ICH HABE MEINE MAMA LIEB
Я ЛЮБЛЮ СВОЮ МАМУ

Shelley Admont
Illustriert von Sonal Goyal und Sumit Sakhuja

www.sachildrensbooks.com
©2014 S.A.Publishing ©2017 KidKiddos Books Ltd.
innans@gmail.com

Alle Rechte vorbehalten. Kein Teil dieses Buches darf in irgendeiner Form oder durch irgendwelche elektronischen oder mechanischen Mitteln, einschließlich Informationen Regalbediengeräte schriftlich beim Verlag, mit Ausnahme von einem Rezensenten, kurze Passagen in einer Bewertung zitieren darf reproduziert, ohne Erlaubnis.
Все права защищены. Полное или частичное копирование материалов запрещено, согласование использования произведения производится с его автором или издательством.
erste Ausgabe 2017 - первое издание 2017

Aus dem Englischen übersetzt von Nicola Künkel
Перевела на русский Мария Фонрабе
Редактор русской версии — Анна Гурьева

I love My Mom (German Russian Bilingual Edition)/ Shelley Admont
ISBN: 978-1-5259-0322-9 paperback
ISBN: 978-1-5259-0323-6 hardcover
ISBN: 978-1-5259-0321-2 ebook

Although the author and the publisher have made every effort to ensure the accuracy and completeness of information contained in this book, we assume no responsibility for errors , inaccuracies, omission, inconsistency, or consequences from such information.
Please note that the German and Russian versions of the story have been written to be as close as possible. However, in some cases they differ in order to accommodate nuances and fluidity of each language.

Fur die, die ich am meisten liebe-S.A.

Моим любимым-S.A.

Morgen würde Mamas Geburtstag sein. Das kleine Häschen Jimmy und seine beiden älteren Brüder flüsterten in ihrem Zimmer.

Завтра у мамы день рождения. Накануне маленький зайчик Джимми и два его старших брата шептались в своей комнате.

"Wir haben immer noch kein Geschenk," sagte der mittlere Bruder seufzend.

— Мы всё ещё не решили, что будем дарить, — вздохнул средний братишка.

„Lasst uns nachdenken", antwortete der älteste Bruder. „Das Geschenk für Mama sollte etwas ganz besonderes sein."

— Давайте подумаем, — ответил старший брат. — Подарок для мамочки должен быть каким-то особенным!

„Jimmy, du hast immer so gute Ideen," fügte der mittlere Bruder hinzu. „Was meinst du?"

— Джимми, у тебя всегда бывают хорошие идеи, — добавил средний брат. — Что скажешь?

„Hm..." Jimmy fing an angestrengt zu überlegen. Plötzlich rief er, „Ich kann ihr mein Lieblingsspielzeug schenken – meine Eisenbahn!" Er nahm die Eisenbahn aus der Spielzeugkiste und zeigte sie seinen Brüdern.

— Хмм... — Джимми призадумался. — Я могу подарить ей свою любимую игрушку — мой поезд!
Он взял поезд из коробки с игрушками и показал его братьям.

„Ich glaube nicht, dass Mama deine Eisenbahn haben möchte," sagte der älteste Bruder. „Uns muss etwas anderes einfallen. Es muss etwas sein, das ihr wirklich gefällt."

— Не думаю, что мама захочет получить в подарок твой поезд, — возразил старший брат. — Давайте придумаем что-нибудь другое. Что-то, что ей по-настоящему понравится.

„Wir können ihr ein Buch schenken," rief der mittlere Bruder fröhlich.

— Мы можем подарить ей книгу — радостно воскликнул средний зайчонок.

„Ein Buch? Das ist das richtige Geschenk für Mama," antwortete der älteste Bruder.

— Книгу? Это отличный подарок для мамы! — ответил старший. — Она любит читать!

„Ja, wir können ihr mein Lieblingsbuch schenken," sagte der mittlere Bruder und ging zum Bücherregal.

— Можем подарить ей мою любимую книгу, — предложил средний брат и подошёл к книжной полке.

„Aber Mama mag spannende Bücher," sagte Jimmy betrübt, „und dieses Buch ist für Kinder."

—Но мама любит детективы, — грустно сказал Джимми. — А эта книжка для детей.

„Ich glaube, du hast recht," stimmte der mittlere Bruder zu. „Was sollen wir tun?"

— Ты прав, — согласился средний брат. — Что же нам делать?

Die drei Häschen-Brüder saßen nachdenklich und still, bis der älteste Bruder schließlich sagte,

Трое зайчат сидели в тишине и думали. Наконец старший сказал:

„Es gibt nur eines, was mir einfällt. Etwas, dass wir selbst basteln können. Eine Geburtstagskarte."

— Я придумал. Давайте сами сделаем подарок для мамы. Может, открытку?

„Wir können ganz viele Herzen und Küsschen malen," sagte der mittlere Bruder.

— Нарисуем целый миллион сердечек и поцелуйчиков, — сказал средний братишка.

„Und wir können Mama sagen, wie lieb wir sie haben," fügte der älteste Bruder hinzu.

— И напишем маме, как сильно мы её любим, — добавил старший.

Die drei Häschen wurden ganz aufgeregt und fingen an, die Geburtstagskarte zu basteln.

Зайчишки были очень довольны своим планом и быстро принялись за дело.

Die drei Häschen bastelten fleißig. Sie schnitten und klebten, falteten und malten.

Все трое усердно трудились. Они вырезали и клеили, складывали и раскрашивали.

Jimmy und sein mittlerer Bruder malten Herzen und Küsschen.

Джимми и средний брат рисовали сердечки и поцелуйчики.

Dann schrieb der älteste Bruder in großen Buchstaben:

А старший зайчонок написал крупными буквами:

„Herzlichen Glückwunsch zum Geburtstag, Mama! Wir haben dich soooooo lieb. Deine drei Häschen."

«С днём рождения, мамочка! Мы тебя ооооооооочень любим! Твои дети».

Endlich war die Geburtstagskarte fertig. Jimmy lächelte.

Наконец открытка была готова. Джимми улыбнулся.

„Ich bin mir sicher, dass es Mama gefallen wird," sagte er und wischte seine schmutzigen Hände an seiner Hose ab.

— Я уверен, что маме очень понравится, — сказал он, вытирая грязные лапки о штаны.

„Jimmy, was machst du denn?" rief der älteste Bruder. „Siehst du nicht, dass Farbe und Kleber an deinen Händen sind?"

— Джимми, что ты делаешь? — закричал на него старший брат. — Ты же весь перепачкался краской и клеем!

„Oh nein…" sagte Jimmy. „Das habe ich nicht gesehen. Entschuldigung!"

— Ой-ой-ой… — огорчился Джимми. — Я и не заметил. Прости!

„Jetzt muss Mama an ihrem Geburtstag die Wäsche waschen," sagte der älteste Bruder und schaute Jimmy streng an.

— Теперь маме придется стирать в её собственный день рождения, — сказал старший брат, строго глядя на Джимми.

„Nein! Das werde ich nicht zulassen!", rief Jimmy. „Ich wasche meine Hose selbst." Er lief ins Badezimmer.

— Ну уж нет! Я сам постираю! — воскликнул Джимми и направился в ванную.

Zusammen wuschen sie die Farbe und den Kleber aus Jimmys Hose und hingen sie zum Trocknen auf.

Вместе они отстирали всю краску и клей от штанишек Джимми и повесили их сушиться.

Als sie zurück in ihr Zimmer gingen, schaute Jimmy kurz ins Wohnzimmer und sah dort seine Mutter.

На обратном пути в свою комнату Джимми заглянул в гостиную и увидел там маму.

„Schaut mal, Mama schläft auf dem Sofa," flüsterte Jimmy seinen Brüdern zu.

— Посмотрите, мама спит на диване, — прошептал он братьям.

„Ich bringe ihr meine Decke," sagte der ältere Bruder und rannte zurück in sein Zimmer.

— Я принесу одеяло, — предложил старший и побежал в свою комнату.

Jimmy schaute seine schlafende Mutter an. Plötzlich wusste er, was das perfekte Geschenk für sie wäre.

Джимми стоял и смотрел на спящую маму. В этот момент он понял, каким будет самый лучший подарок для неё. Он улыбнулся.

„Ich habe eine Idee!" sagte Jimmy, als der älteste Bruder mit der Decke zurückkam.

— У меня есть идея! — сказал Джимми, когда старший брат вернулся с одеялом.

Er flüsterte seinen Brüdern etwas zu. Dann nickten alle drei Häschen mit den Köpfen und hatten strahlende Gesichter.

Он кое-что прошептал братьям, и все трое зайчат радостно закивали головами.

Leise gingen sie zum Sofa und bedeckten ihre Mutter mit der Decke.

Они тихонечко подошли к дивану и накрыли маму одеялом.

Alle drei Häschen gaben ihr ein Küsschen und flüsterten, „Wir haben dich lieb, Mama."

Каждый из них поцеловал её и прошептал:
— Мы любим тебя, мамочка.

„Oh, ich habe euch auch ganz doll lieb", sagte sie lächelnd und umarmte ihre Söhne.

— Я вас тоже люблю, — сказала она, улыбнулась и обняла своих сыновей.

Am nächsten morgen wachten die drei Häschen-Brüder sehr früh auf. Sie bereiteten das Überraschungsgeschenk für ihre Mutter vor.

На следующее утро трое зайчат проснулись очень рано, чтобы подготовить свой секретный подарок для мамы.

Sie putzten ihre Zähne, dann machten sie ihre Betten und räumten all ihr Spielzeug ordentlich in die Spielzeugkiste.

Они почистили зубы, красиво заправили кроватки и разложили все игрушки по местам.

Anschließend gingen sie ins Wohnzimmer. Sie wischten Staub und machten den Fußboden sauber.

После этого они вытерли пыль и вымыли пол в гостиной.

Als nächstes gingen sie in die Küche.

Потом зайчата пошли на кухню.

„Ich mache Mamas Lieblingsfrühstück. Eine Scheibe Toast mit Erdbeermarmelade," sagte der älteste Bruder. „Und du, Jimmy, kannst ihr frischen Orangensaft einschenken."

— Я приготовлю мамины любимые тосты с клубничным джемом, — сказал старший брат. — А ты, Джимми, можешь сделать свежий апельсиновый сок.

„Ich hole Blumen aus dem Garten," sagte der mittlere Bruder und lief aus der Tür.

— А я принесу цветов! — предложил средний братишка и побежал в сад.

Als das Frühstück fertig war, wuschen die drei Häschen das Geschirr. Dann dekorierten sie die Küche mit Blumen und Luftballons.

Когда завтрак был готов, зайчата вымыли посуду и украсили кухню цветами и воздушными шариками.

Die drei fröhlichen Häschen gingen in das Zimmer ihrer Eltern. Sie brachten die Geburtstagskarte, die Blumen und das Frühstück.

Счастливые зайчата вошли в спальню к маме. Они несли свои подарки: поздравительную открытку, цветы и поднос с завтраком.

Die Mutter saß auf dem Bett. Sie lächelte, als ihre Söhne "Geburtstagslied" sangen, während sie das Zimmer betraten.

Мама сидела на кровати и улыбалась. Зайчата спели ей «С днём рожденья тебя!» и вручили подарки. Потом они забрались к ней на колени и крепко обняли.

„Wir haben dich lieb, Mama," riefen sie alle zusammen.

— Мы любим тебя, мамочка! — прокричали они все вместе.

„Ich habe euch auch alle lieb," sagte die Mutter und küsste ihre Söhne. „Das ist mein schönster Geburtstag!"

— Я тоже вас всех люблю, — сказала мама и расцеловала зайчат. — Это мой самый лучший день рождения!

„Du hast noch nicht alles gesehen," sagte Jimmy und zwinkerte seinen Brüdern zu. „Du solltest dir die Küche und das Wohnzimmer anschauen!"

— Это ещё не всё, — сказал Джимми, подмигнув братьям. — В гостиной и кухне тебя тоже ждёт сюрприз!

www.ingramcontent.com/pod-product-compliance
Lightning Source LLC
LaVergne TN
LVHW072104060526
838200LV00061B/4804